100年前の写真で見る

世界の民族衣装

ナショナル ジオグラフィック編

NATIONAL GEOGRAPHIC

はじめに

服の均質化で失われた地域間の多様性

外国へ行って、その土地に住む人びとならではの服装を見るのは楽しいものです。お祭りの時期にあたると、色とりどりの民族衣装を見ることができます。

けれども、毎日の服装として、伝統的な身なりをしている人は多くはありません。安価な工業生産品が世界中で手に入り、先進的なファッションを真似ることは容易になりました。どこへ行っても、Tシャツやジーンズ姿の人を見かけ、ビジネスマンはヨーロッパ起源のジャケットを着ています。いわば服装のグローバル化です。

国や地域によっては、独自の格好を保っているところもあります。そうした場所も、素材や流行の変化によって、新たな変化が生じているかもしれません。

地域の特色が失われる前に記録できた幸運

およそ一〇〇年前、都市部では国をまたいだモダンなファッションが流行していましたが、多くの場所ではまだ伝統的な服装が残っていました。服装の地域差がなくなる前に、「ナショナル ジオグラフィック」が一九〇〇年代から一九三〇年代前半までの間に記録した、貴重な写真を収録したのが本書です。写真が登場し、世界中に出向いて雑誌のために贅沢に利用することが、幸運なことになんとか間に合ったわけです。

「本当はどんなふうに着ていたの？」がわかる

現代の素材でつくられた民族衣装を短時間着ただけでは、「板についた」着こなしは難しいものです。時代ごとに、年齢や性別、生活スタイルや気候に合わせた着こなしがありました。一時的に流行して、すでに廃れた習慣もあります。ものによっては、現在と差を感じないかもしれません。横軸の地域差だけでなく、縦軸の時代差も読み取れれば、本書の写真をなお楽しんでいただけるでしょう。

本書では、一〇〇年前の人びとが普段の生活のなかで着ていたようすがわかります。服装や装飾だけでなく背景に写っている街並や家もふくめて、地域ごとの特色を形成していた時代の空気を感じられます。

同時代の人は無理だった、世界中の服を見比べること

当時はヨーロッパ列強が海外へ進出し、人や情報の移動も活発になっていた時期でした。とはいえ、移動は現代とは比べ物にならないほど時間がかかります。それ以前の時代には、さらに時間がかかっていました。

そうした状況では、世界で同時に同じような服装が支持されるという事態は起こりません。その代わり、お隣どうしはどことなく似通った格好をしていることに気付かれるでしょう。お隣を順番にたどっていくと、ちょっとずつ変化しているようにも見えます。ぜひ、本書をめくり、地図と合わせて、確かめてください。

ナショナル ジオグラフィックだからこその網羅性

「ナショナル ジオグラフィック」誌は米国で一八八八年に創刊された雑誌です。創刊初期から、世界中をたずね、社会や人びとの様子を記録してきました。世界でいち早く誌面に写真をふんだんに取り入れたのは、「ナショナル ジオグラフィック」誌です。二〇世紀初頭といえば、モノクロ写真の掲載を始め、その後カラ

ー写真に移行していった時期でした。
　一〇〇年以上にわたる取材で蓄積された貴重な写真は、米国のナショナル ジオグラフィック協会で保管されています。本書に収録した写真は、すべてこのアーカイブのものです。今回の収録にあたっては、雑誌未掲載の写真もたくさん採用しました。
　撮影地、当時の状況などは、ナショナル ジオグラフィック協会の記録に拠っています。地名は原則として現在のものを使用しています。なるべく詳しい場所の判明に努めましたが、残念ながら国名や地域名しか記録が残っていないものもありました。また、この一〇〇年で複雑に民族や地図が変動した場所や、その服装や文化に馴染みがないと思われる場所などについては、専門家の方による解説を掲載しました。
　本書は全部で六章に分けています。それぞれ、所属する社会階層や生活状況にもとづいて分類しました。いずれの章もヨーロッパ北部を起点として、ゆるやかに東へと移動していきます。

若い女性が、自家製のゆりかごにのせて赤ちゃんをあやしている。
ドイツ、ザクセン地方、オーバーラウジッツ
1928年撮影、未掲載
WILHELM TOBIEN

テレマルク地方独特の❶
衣装をまとった女性。
ノルウェー、テレマルク❷
1930年7月号掲載❸
GUSTAV HEURLIN❹

•p20
•p21
❺

20 chapter 1 日々の暮らしのなかの服装

この本の読み方

❶写真の説明
撮影・掲載当時の記録をもとにした説明です。

❷撮影場所
ナショナル ジオグラフィック協会の記録にもとづき、写真が撮影された場所を掲載しています。地名は現在のものですが、具体的な場所が不明なものや、現在と地域区分が異なる場所などは、当時の名称のままにしています。

❸掲載年号／撮影年
「ナショナル ジオグラフィック」誌に掲載された年、月号です。未掲載写真は撮影年を掲載しました。

❹撮影者／収集者
撮影した写真家・組織名、あるいは写真を入手した人物・組織名です。

❺地図
およその撮影地を地図に•で示しました。原則として、撮影地が明らかな場合はその場所を、おおまかな地域が明らかな場合はその中心都市を、国名だけが明らかな場合は当時の首都を示しています。
•の横の数字は写真掲載ページです。

100年前の写真で見る　世界の民族衣装　もくじ

ここを知れば面白い
地域別ガイド

バルカン半島

バルカンの民族衣装が生まれた頃

新免光比呂（国立民族学博物館准教授）

あなたはバルカンの国をいくつ言えるだろうか。ギリシャ、セルビア、モンテネグロ（現地名ツルナゴーラ）、マケドニア、ブルガリア、アルバニア、ボスニア・ヘルツェゴビナ、コソボ（未承認）、ルーマニア、そして国土の一部にすぎないがトルコ。バルカンという名称自体がやっかいな内容をもつので、まずはこのあたりだと承知してもらえればいいだろう。バルカンと重なるのが東南欧という名称だ。バルカンには少し侮蔑的な響きがあるので、東南欧という中立的な響きが好まれる。そもそも西欧に対置される東欧も概念としては曖昧《あいまい》なので、地域の名称というのはじつに難しい。

さて、バルカンの歴史をたどると、古代にはケルト、ギリシャ、ローマなどの諸民族集団が活躍した。それ以降は東ローマ帝国（ビザンツ帝国）、オスマン帝国などの勢力下にあった。一〇〇年前の二〇世紀初頭は、オスマン帝国から諸民族が独立し、国民国家が成立していった頃だ。地中海東部からアフリカ北部、バルカンまでを支配し六〇〇年以上もつづいたオスマン帝国の支配は、帝国主義と民族主義によって崩壊した。この時代と深く結びついているのが、民族衣装である。

衣装というものは、身体を保護するだけでなく、個人の性、年齢、階層などを他人に伝達して、それぞれの個性を表現する。それが民族という集団意識に基づいた場合には、個々の民族文化の独自性を示す象徴的価値を担う。そこで自集団と他集団とを差異化するためのデザインがほどこされる。

では、民族構成が複雑なバルカン地域でも、衣装で民族や宗教の違いがわかるのだろうか。じつはそう単純ではない。民族衣装は華やかで多彩であるが、帰属する民族や宗教による違いは曖昧なのだ。バルカンで

は民族や宗教という前に、地域ごとの差が大きく、その特徴が重要だ。例外的にトルコ帽がムスリムに特徴的だが、これはフェスとも呼ばれ、モロッコで使用されていたスタイルがオスマン帝国下で普及したものだ。

そもそもバルカンの「民族」は、はなはだ曖昧かつ複雑である。たとえばギリシャ民族というのは、古代ギリシャの記憶と古代から存続してきたギリシャ語、ビザンツ帝国以来のキリスト教の正教信仰を核とする「民族」であるとされる。ただし、これは正教を信仰してギリシャ語を話せる地中海地域の人々全部を「ギリシャ人」として取り込み、広い領土を主張しようとする作為的な定義である。

このように近代的「民族」はつくられたものである。ところが、自己の帰属する集団を非常に明確な輪郭をもつ民族と思い込んで、この自己意識を目に見える形にしたもの、あるいは目に見える形にするためのものが、「民族衣装」なのである。

この自己意識を表現する手段である民族衣装は、素材、デザイン、装飾などを構成要素とする。代表的な素材には、地域の特性に基づいた羊毛がある。バルカンでは大規模な羊などの移牧が歴史的におこなわれてきたので、羊毛はもっとも豊富な素材である。毛皮、麻、木綿《もめん》などもある。またデザインや装飾には、バルカン地域内での活発な交通・交易や戦争の結果、諸集団間での相互的影響が見られる。

たとえば村ごとに異なる多様な色、デザインや飾りが発達してきたルーマニアで、民族衣装として特徴的なのは、エプロンのようにも見える女性用の巻きスカートである。その美しい色合いは未婚の女性、既婚者、中年、老年などの年齢階梯《かいてい》ごとに異なる。若い人は明るく、年齢が上がるにつれて地味である。この巻きスカートとギャザーのついた白いシャツ、鮮やかな刺《し》繍《しゅう》のベスト、さらに頭に巻くバティックと呼ばれる木綿製のスカーフが基本的な組み合わせである。

一方、ブルガリアの民族衣装にも、ルーマニアの巻きスカートによく似た美しいエプロンがある。このエプロンと上着の組み合わせで地方の特徴がわかる。ブルガリア北部では、長いシャツ、前後にまとう二枚のエプロン、帯が特徴で、ロドピ地方ではエプロンは一枚だけになる。前合わせで胸元と袖《そで》に刺繍がほどこされたサヤと呼ばれる上着、シャツ、エプロン、帯からなっているのは、主にブルガリアの南部や西南部で、シャツ、胸元や裾《すそ》に豊富な装飾がほどこされたスクマンと呼ばれる上着、エプロン、帯からなるのは東南部である。[*1] またブルガリアでは伝統的に帯が重要視され、ゆりかごから墓場まで人生のお供となり、仕事を助け、多産をもたらし、魔除《まよ》けになるなどともいわれる。この帯の色や文様には、さまざまな違いがある。

ルーマニアとブルガリアの女性衣装に見られる類似と差異は、人々の生活における模倣と独創を示している。近代は民族意識とともに多彩で美しい民族衣装を生んだ。その一方、労働者や兵士などには画一化された制服や日常着をもたらした。二〇世紀のバルカンにおいても、この二つの傾向が絡み合って衣装が発達したものであろう。

＊1 現代のスクマンに近い例→p192

西アジア・中央アジア・北アフリカ

イスラム地域の服装

道明三保子（文化学園大学名誉教授）

西アジア*1

この地域は、砂漠や高原、平原や地中海沿岸などを含み、酷暑の乾燥地帯が広がる。アラブ系、トルコ系、イラン系及び少数民族などの民族からなり、都市や農村に定住する人々と移動生活を営む遊牧民に分かれる。イスラム世界の中枢をなし、人々はイスラムの教えに基づいて暮らす。

西アジアの民族衣装は、乾燥地帯の気候風土と基層文化の一つである遊牧生活に適応する組み合わせで、ゆったりとした貫頭型長衣とパンツ、被り物を基本とする。これに前開き型の外衣が加わる。貫頭型長衣は袖《そで》付きで裾《すそ》が広がり、風をよく通し夏の酷暑にも適する。遊牧生活においても動きやすく着くずれしない。これに足首は細く腰回りがたっぷりしたパンツをはく。洋服系のコートやジャケットが都市部では取り入れられた。頭部を被り物で覆い、全身を衣料で包み肌を露出せず、汗の蒸散を防ぐ。地域により帯を締め装いのアクセントとし、着丈の調節もする。女性の衣服にはしばしば地域や民族ごとに特色のある刺繍《ししゅう》がほどこされ、豪華な装飾のものは婚礼衣装や晴れ着に用いた。既婚の女性は多くの装身具を身に付ける。

乾燥地帯では、被り物は強烈な日差しをさえぎり、埃よけや防寒の役目も果たす必需品である。特に、イスラムの女性は外出の際に顔や髪の毛、身体を隠すためにベールを被る。イスラム以前の風習を受け継いだベール着用は、イスラム教の聖典『コーラン』にも記され義務付けられている。しかし、『コーラン』にはベールの形や色などの具体的な記述がなく、国や民族によって全身を覆うもの、丈が短いもの、顔を隠すもの、髪の毛を隠すものなどさまざまであった。

西アジアの主要民族であるアラブ人の男性服は、地域差が少なく画一的でほとんど同じような衣装をまとっているかに見える。基本は、貫頭型長衣「ソブ」に寒暖に応じて矩形《くけい》のコート「アバ」をはおり、頭に布

＊1 西アジア→p59, 62-63, 121, 158, 193, 196, 198, 200
西アジア。洋服の影響が見られるもの→p122, 201

を巻く。またソブとアバの間にクンバズと称する細い筒袖《つつそで》の付いた前合わせの長衣を着るようになった。クンバズの普段着用には木綿製が使われたが、盛装用にはシリア製の縦縞柄のものがよく着られた。経糸《たていと》に絹、緯糸《ぬきいと》には綿を用いた経繻子《しゅす》組織で織られたもので、絹の光沢と綿の丈夫さを備えていた。クンバズはオスマン・トルコの衣装に由来するもので、トルコ人の街着として支配地域で用いていたものが、次第にアラブ人も着るようになったのである。アラブ特有のアバはアバイエとも称し、上下の中央部ではぎ合わせた直線裁ちの毛織物のコートで、袖は付かないが身頃がたっぷりしていて袖を兼ねている。[*2]茶褐色のラクダの毛のものが多く見られるが、夏は薄地のもの、高級品には絹製綴織《つづれおり》のものなどがあった。一九二〇年代頃からアラブとしての自覚が高まり、アラブの遊牧民ベドウィンの伝統を受け継いだ白地や黒や赤の格子柄の被り布「クーフィーア」を輪「イカール」で留めるようになった。[*3]これらの衣装の呼称は地域によっても異なる。

女性の装身具には、頭飾り、額飾り、首飾り、鼻飾り、耳飾り、腕輪、足輪などがあり多彩である。美しく身を飾り威厳を高め、さらに護符の役割も強く意識される。厳しい遊牧生活を基層文化に持つ西アジアでは、移動中も自身で身を守らねばならず、とりわけ青と赤は魔よけの色として多く見られた。また、それらは身に付けて持ち運びできる大切な財産でもある。婚礼衣装など女性の晴れ着には装身具が欠かせず、婚約の際に両家で話し合い、夫の家柄や地位にふさわしい装身具を花婿側や花嫁の父親が調える。金銀をはじめとして、トルコ石、紅玉髄、珊瑚《さんご》、瑪瑙《めのう》、琥珀《こはく》などの貴石、ビーズ、クローブなどの植物素材を使う。最も基本となる素材は銀で、その輝きは魂を浄化させ〝邪視〟を退けるとされる。純度の高い銀を得るには銀貨が最適で装身具に多く使われた。

カフカス地域[*4]

カフカスはカスピ海と黒海との間にある山岳地帯を中心とする地域で、イスラム教徒の多いアゼルバイジャン、ダゲスタン、キリスト教徒の多いアルメニア、グルジアなどの国々がある。男性の衣服は、山岳地帯での乗馬、戦闘などに適する形式で、シャツとズボン、黒の前開き型の上衣、毛皮製帽子、長靴で構成されている。胸に火薬筒を入れるポケットが付けられた。女性の衣服は、ズボンに長衣、腰下まであるベールなどを基本とし、裕福な家庭では絹の繻子や紋織《もんおり》、ビロードなどの多彩な織物が使われた。ベールは地域や民族、立場などによって多様なものが見られる。またステータスシンボルとして、あるいは護符や財産として、たくさんの豪華な装身具で衣装を飾った。

中央アジア[*5]（西トルキスタン）

この地域にはトルコ系のカザフ人、ウズベク人、キルギス人、トルクメン人とイラン系のタジク人が居住し、多くはイスラム教徒である。乾燥地帯の気候風土で、オアシスでは定住農耕生活、ステップ地帯では遊

*2 アバ、アバイエ→p61
*3 クーフィーアとイカール→p66, 170, 198
*4 カフカス→p68, 69, 70, 123
*5 中央アジア→p123, 225

牧生活が営まれた。女性の衣装はドレスとパンツを組み合わせ、外出時にはコートをはおり、被衣や被り布で頭部を覆う。男性の衣装はシャツにパンツを組み合わせ、外出時にはコートをはおり、帯を締めた。トルクメン女性の豪華な刺繍の被衣「チルプイ」や銀製装身具、ウズベク人の華麗な絹綿交織織物「アドラス」の経絣《たてがすり》衣装などがよく知られている。

マグレブ地域[*6]

北アフリカのチュニジア、アルジェリア、モロッコなどの国々をマグレブ（日の沈む地）と呼ぶ。この地域はベルベル人を先住民とし、すでに七世紀にはアラブ人が侵入しアラブ化、イスラム化が進められた。地中海に面した地域は地中海性気候で夏は乾燥し、内陸部は高温で乾燥している砂漠性気候で、全身をゆったりと覆い風通しがよく日差しをさえぎる白の被り布や長衣がよく見られる。イスラム教徒が多く、女性のベールは欠かせない。華やかな装身具とともに、金銀糸やスパンコールを多く使った、精緻な紋織や刺繍の婚礼衣装などの盛装は豪華である。

＊6 マグレブ→p54, 56, 156-157

南アジア

染織技術の宝庫——インドの衣装

上羽陽子（国立民族学博物館准教授）

インドの衣装をイメージしたときに何が思い浮かぶでしょうか。男性のターバンや女性のサリーなどを連想するかもしれません。これらの衣装は、広いインドにおいてほんの一部にすぎません。インド亜大陸はユーラシア大陸の南にのびた巨大な半島からなり、北にはヒマラヤ山脈がそびえ、他の三方はベンガル湾、インド洋、アラビア海に囲まれています。気候は乾燥地帯からモンスーン気候帯、さらには亜熱帯湿潤地帯を含みます。そのため、北では防寒のための羊毛布やキルティング布による衣装が必須となり、一方、南では暑さをしのぐための風通しのよい、ゆったりとした薄地の衣装が必要となります。

　インドの衣装形態を大きく分けると、一枚の布を纏《まと》う衣装形態と裁断・縫製した衣装形態の二つがあります。一枚布による衣装は、ヒンドゥー教徒の伝統的な衣装形態で、浄《きよ》い衣とされています。男性の衣装であれば、ドーティーと呼ばれる一枚布が代表的であり、腰に巻き付けた布の終わりを、前から足をくぐらせて、後方に繋《から》げて着用します。女性の衣装として知られているサリーは、ドーティーの一種といえます。現在のサリーは、半袖《はんそで》で短い丈のブラウスとペチコートを下に着て、布の残りの部分で胸をおおう衣装形態をしています。しかし、インド全域でサリーが着用されるようになったのは、ここ一〇〇年あまりのことで、旧来は女性も男性のドーティーと同様に腰から下のみを一枚布で纏っていました。[*1]

　これに対して裁断・縫製した衣装は、西アジアからの影響が強いとされています。特にイスラーム教徒による支配の影響が強かった西部や北部の地域で多くみることができます。代表的なものとして男女ともにクルターと呼ばれる襟《えり》のない、ゆったりとした長袖の上衣と、たっぷりとした胴囲を紐《ひも》でしばるズボン・パージャーマーの組み合わせがあります。女性の場合はこの上に頭や胸元をおおう一枚布ドゥパッターを纏います。[*2]

　インドの衣装を考えるときに重要なことは、地理的

背景や歴史的背景、宗教、職業、階級などが複雑に交錯しているということです。例えば、衣装によっては、その着用者の出身地や階層、カースト、婚姻の有無までも見分けることができます。そして、インドの衣装で忘れてならないのが装身具です。男女問わず、首輪や腕輪、足輪をはじめ、鼻や耳、額や頭頂、手足の指などにもおびただしい数の装身具を身につけていることがあります。これらは装飾という意味合いよりも、特定の階層や身分を表し、自らの属性と深く結びついているのです。

また、宮廷や貴族の人びとのあいだで育まれてきた衣装は、透けるような薄い手紡ぎ手織り布を使用し、何重にもタックを取っています。細かくたくし上げた長い袖、胴部分で幾多にもタックをとったスカートや巻衣など、繊細な布地だからこそ可能な着用形態といえます。これは、どれほど細い糸をつくり、それを繊細に織りあげることができる職人を庇護《ひご》しているかを示し、それを身に着ける者の地位や権力の象徴となります。薄くて繊細な布地をたっぷりと使って優雅なドレープを生みだした衣装は、インドの職人たちが培ってきた紡ぎや織りの技術の粋の結晶ともいえるでしょう。一方では、過剰ともいえるほどの宝石や金糸、銀糸を縫いつけた宮廷衣装をみることもできます。これらは、軽く薄くといった衣装とは別のベクトルによるもので、衣装自体が財の象徴ともいえるでしょう。

宮廷文化とは異なる庶民の人びとによる自家製の衣装もあります。女性が家事や育児の合間につくりだす、家族のための衣装は、限られた布や糸だからこそ生みだされる知恵や工夫の宝庫です。これらの多くは大がかりな道具の必要な織りや染めではなく、刺繍やアップリケなどによって文様表現がされています。

インドの衣装をみてみると、色彩と布地の風合いのバリエーションの多さに驚きます。これは、長いインドの歴史の中で培われてきた染織技術の奥深さを物語っています。布地の素材は、木綿、羊毛、ヤギ毛、野蚕、家蚕、金糸、銀糸など多岐にわたっています。布地にほどこされる文様表現は、世界の中でも最高峰の染織技術によってつくられているものが多々あります。例えば、インド西部では、糸を括《くく》って防染する絣技術をもちいて、精巧な経緯絣《たてよこかすり》の文様を織りあげています。また、金糸や銀糸をつかった紋織や縫取織《ぬいとりおり》はインドの染織技術の特徴ですが、衣装に表現されたそれらの文様は、身に纏ったときに、絢爛《けんらん》とした装いを生みだします。ヤギの柔毛による綾地《あやじ》綴織《つづれおり》はカシミヤ織りとして知られ、織技術の極点ともいえます。さらに、インドの染色技術の特徴は、天然染材として一般的な植物の根・皮、昆虫、鉱物などに加えて、家畜のミルクや糞、泥なども活用してきたことです。

化学繊維や化学染料が普及し、工業製布地が氾濫する今日でも、巧みに旧来の素材や技術を取り込みながら、文様表現がなされています。インドの衣装文化の多様さは、地理的・歴史的・宗教的背景に加えて、このような多彩な染織技術によって支えられてきたといえます。

*1 一枚布タイプ→p74

*2 断裁・縫製タイプ→p73, 236
断裁・縫製タイプで、胴部分に細かいタックがみえる→p159
断裁・縫製タイプの上着の上に、一枚布の肩掛けをしている→p171

中国西南地域と東南アジア大陸部の民族衣装

宮脇千絵（国立民族学博物館外来研究員）

中国西南地域から東南アジア大陸部にかけての地域は、民族衣装の宝庫である。現在でも少数民族の集まる地方の定期市を訪れると、多彩な民族衣装を見ることができる。

この地域は、ヒマラヤ山脈から連なる山地、サルウィン川、メコン川といった大河による地形の起伏と、盆地の形成という複雑な地形をしており、そこにさまざまな生業を営む民族の多様な文化が混在している。国境をまたいで分布している民族も多く、そのほとんどが中国からベトナム、ラオスを経てタイへと移動してきた。なかにはカレンのようにミャンマーを故地とする民族もいる。国境をまたいで分布する民族のなかには名称が異なる者もおり、例えばベトナム、ラオス、タイ北部に居住するモンは、中国のミャオ族を、ラオスやタイ北部に居住するアカは、中国のハニ族をルーツとする。中国のジンポー族と、ミャンマーのカチンも起源を同じくする人びとである。

この地域の民族は、言語によって大きく四つのグループに分類され、標高の高低差によって棲み分けをおこなっている。高地にはチベット・ビルマ系や、ミャオ・ヤオ系が居住する。山腹にはモン・クメール系が、そして低地にはタイ系の人びとが居住している。

低地では、漢族やキン、タイやラオといったその地域の多数派の民族が稲作耕作をおこない、周辺の山地では焼畑農業が営まれてきた。焼畑農業をおこなう人びとは移動性が高く、山の尾根沿いに中国から南下してきたといわれる。このような複合文化圏ともいえる地域では、それぞれの民族が独自の服飾文化を育んできた。

衣装に利用されてきた素材は、居住地域の特性によりさまざまである。寒冷な高地に居住するチベット族[*1]やナシ族[*2]、モソ人[*3]（ナシ族の一集団）などは、家畜の牛や羊の毛や皮を利用し、衣服を製作してきた。山地に居住するミャオ族[*4]やリス族[*5]は、大麻や苧麻（カラムシ）を利用することが多い。低地に居住するタイ系の人びとは早くから綿を利用し、涼しげな筒型の腰衣を身に

＊1 チベット族→p160, 178-179

＊2 ナシ族→p82

＊3 モソ人→p83, 128-129

＊4 ミャオ族→p84

＊5 リス族→p81

まとう。その影響で、タイ系の人びとの周辺に居住するアカ[*6]なども綿で染織をおこなってきた。銀はミャオ族やリス族など多くの民族にとって貴重な財産であった。一方、アカやカレン[*7]、カチン[*8]などのようにジュズダマといった身近な種子をネックレスや頭飾りに使用し、身を飾る人びとも多い。

　このように多種多様な少数民族の衣装は、言語や宗教、習俗風習とともに、多数民族が彼らを民族識別する際の指標のひとつとなってきた。この地域に広く居住するミャオ族およびモンは、一〇〇種類以上ともいわれる衣装を持ち、その違いが集団の名称の由来となってきた。代表的なのは衣装の色による紅苗、黒苗、青苗、花苗、白苗という名称であり、これは東南アジアに行くとブルー（グリーン）・モンやホワイト・モンと英訳される。このような衣装の特徴によって集団を名づけた歴史は清代に遡る。

　中国では清代嘉慶年間（一七九六～一九一二年）以降、清朝統治者が、南方の少数民族を理解し、効果的な統治をおこなうために編纂《へんさん》した民族史志文献として、『百苗図《ひゃくびょうず》』や『苗蛮図《びょうばんず》』と称される図版が数多く出版された。「苗」とは、現在ではミャオ族を指すが、もともと中国南方の漢族以外の民族を指す蔑称であった。これら図版には現在のミャオ族、ヤオ族、プイ族、漢族などに当たる人びとが八〇種以上描かれており、それぞれの言語、居住地、習俗風習、衣装が解説されている。そして、そのうち約三分の一の集団名が、衣装の色や、形態、特徴によって名づけられている。

　例えば現在の湖南省や貴州省東部に居住するミャオ族はかつて赤いスカートをはいていたことから「紅苗」と名づけられた。貴州省中央部に広く分布するミャオ族は黒を基調とした衣装を着用していたので「黒苗」、そのうち臀部《でんぶ》が半分みえるほどの短いスカートをはいている人びとは「短裙苗」と表記された。また、貴州省西部から雲南省にかけては、色鮮やかな刺繍《ししゅう》をほどこす人びとがおり、「花苗」と称される。明代にイ族の支配下におかれ白い衣装を着用することを強要された人びとは「白苗」と呼ばれるようになった。一九〇二年から一九〇三年にかけて貴州省や雲南省の調査をおこなった鳥居龍蔵は、「ミャオ族には五種類あり、それは紅苗、黒苗、花苗、青苗、白苗である」と記録している。かくして、この衣装の色に基づく呼称は、現在にわたって広く使用されているのである。

　かつては、入手できる衣装の素材や製作技術に限りがあったこと、そして衣装の作り手である女性の婚出範囲が限定されていたことなどから、衣装の変化はゆるやかだった。そのため、民族や集団の指標となるような衣装の特徴が長く保たれていたといえる。しかし現在、他民族との交流や、Tシャツやジーンズといった洋服の流通が進み、民族衣装や装い方が大きく変化しており、もはやかつてのように衣装の違いによって民族や集団を識別するのが難しくなってきた。何がどう変わっているのか、そこを注意深く観察することで、現在に息づく新たな民族衣装の一面を発見できるかもしれない。

＊6 アカ→p204
＊7 カレン→p127
＊8 カチン→p79

chapter 1

日々の暮らしのなかの服装

chapter 1

日々の暮らしのなかの服装

一〇〇年ほど前、世界各地の人びとはどんな服装で暮らしていたのか。
多くのことの移動に時間がかかり、情報もゆっくりとしか伝わらなかった。
隣の服装は知っていても、地球の反対側の服装は知らなかった時代。
ここでは日々の生活で身につけていた、各地の多彩な服装を、
西から東へゆるやかに移動しながら紹介しよう。

•p18-19

シリヤン湖畔でくつろぐ人びと。
スウェーデン、ダーラナ、シリヤン湖
1928年10月号掲載
WILHELM TOBIEN

若い女性が、自家製のゆりかごにのせて赤ちゃんをあやしている。

ドイツ、ザクセン地方、オーバーラウジッツ
1928年撮影、未掲載
WILHELM TOBIEN

テレマルク地方独特の
衣装をまとった女性。

ノルウェー、テレマルク
1930年7月号掲載
GUSTAV HEURLIN

•p20

•p21

運河で立ち話をしている、オランダの漁師。
オランダ
1916年9月号掲載
FRANKLIN PRICE KNOTT

おそろいのレースのキャップ姿で編み物をする、オランダの女性たち。

オランダ
1915年1月号掲載
撮影者不明

20世紀初頭に漁師の家の女性に流行した、レース織の帽子。

フランス、バンデ、レ・サーブル・ドロンヌ
1930年撮影、未掲載
JULES GERVAIS COURTELLEMONT

•p22-23,24
•p25

地域の伝統的なよそおいで着飾った少女。
フランス、ミディ・ピレネー地方、ベトマル渓谷
1931年撮影、未掲載
JULES GERVAIS COURTELLEMONT

仕事を終え、石垣にもたれてひと休み。

スペイン、ガリシア
1931年1月号掲載
JULES GERVAIS COURTELLEMONT

•p27 •p26

イタリア最南端に位置する、カラブリア地方伝統の服装。

イタリア、カラブリア
1909年12月号掲載
ARTHUR WARNER

鮮やかな赤とピンクが
特徴的な地元の服装。

ポルトガル、ビアナ・ド・カステロ
1926年撮影、未掲載
JULES GERVAIS
COURTELLEMONT

•p28

•p29

•p30

•p31

向けられたカメラに恥じらいつつも、はしゃぐ若者たち。

ロシア

1914年11月号掲載

DR. GILBERT H. GROSVENOR

伝統的衣装で立つ女性3人。

ラトビア

1933年撮影、未掲載写真

GUSTAV HEURLIN

伝統衣装姿で街を歩く女性たち。

スロバキア、マルチン
1921年2月号掲載
MAYNARD OWEN WILLIAMS

昔ながらの服装をした女性と子供。

ポーランド、ソコウフカ
1926年8月号掲載
MAYNARD OWEN WILLIAMS
※同名の村が現ポーランド、現ウクライナに複数あるため、地図にはワルシャワの位置を掲載。

•p32
•p33

教会にやってきた、モラビア（チェコ東部地域）の農民。

チェコ、モラビア地方
1927年6月号
HANS HILDENBRAND

昔ながらのいでたちで、犬をしたがえ
草原に立つハンガリーの羊飼い。

ハンガリー
1914年10月号掲載
A. W. CUTLER

•p34
•p35

ワラキア地方(ルーマニア南部)の
農家の人びとの伝統的な服装。
ルーマニア、カルパチア山脈
1916年9月号掲載
ERDELYI

羊毛をつむぐ農家の女性たち。“ポマク”と呼ばれるブルガリアに住むイスラム教徒。
背後の尖ったものはミツバチの巣箱だという。

ブルガリア
1932年8月号掲載
WILHELM TOBIEN

•p36
•p37

青空市場で買い物をしている若い男女。

クロアチア、ザグレブ

1908年12月号掲載

FELIX J. KOCH

伝統衣装を着て並んだ農家の娘たち。

ボスニア・ヘルツェゴビナ、サラエボ
1914年10月号掲載
撮影者不明

民族衣装を着た女性のポートレート。

ボスニア・ヘルツェゴビナ、サラエボ
1914年10月号掲載
撮影者不明

•p40,41

山岳地帯ゆかりの格好をした農家の女性たち。

モンテネグロ

1913年3月号掲載

KATRICE NICOLSON

セルビアの民族衣装を着て、街を散歩する女性。

セルビア、ニシュ

1908年11月号掲載

FELIX J. KOCH

p43

p42

街角でおしゃべりに興じる、
伝統的な服装をしたヘルツェゴビナの女性たち。白か青のウールの上着に、何色もの毛糸で織ったエプロンをつけ、白いレースのベールを赤い小さな帽子から垂らしている。
クロアチア、ドブロブニク
1918年12月号掲載
PAULINE H. DEDERER

アルバニア山岳部伝統のドレスをまとったキリスト教徒の女性。

アルバニア
1918年12月号掲載
撮影者不明

アルバニア伝統の服装をしたイスラム教徒の男性。

アルバニア
1918年12月号掲載
撮影者不明

伝統の色鮮やかな服装を
したマケドニアの女性たち。

ブルガリア
1932年8月号掲載
WILHELM TOBIEN

バルカン半島独特の刺繍をほどこした衣装をまとった、カンパニア（現ハラストラ）の農家の娘たち。

ギリシャ、テッサロニキ
1916年9月号掲載
P. ZEPDJI

色鮮やかな普段着で家の戸口に立つトルコの女性たち。
アナトリア西部の女性は顔をおおうベールをつけない。

トルコ
1932年4月号掲載
MAYNARD OWEN WILLIAMS

第1回デルフォイの大祭の取材の際、
「ナショナル ジオグラフィック」誌の
記者をもてなした農家の女性たち。

ギリシャ
1930年12月号掲載
MAYNARD OWEN WILLIAMS

•p46-47
•p48-49
•p50
•p51

都市部に特有の格好をした
アラブ系の女性。
リビア、トリポリ
1925年8月号掲載
LUIGI PELLERANO

くつろいだ姿でポーズをとるユダヤ人女性。

チュニジア
1924年撮影、未掲載
JULES GERVAIS COURTELLEMONT

•p53
•p52

ウル・ナイルの女性のきらびやかな衣装。深紅の服には金糸で刺繍がほどこされ、ベールは淡い水色のシルク、全身に金や銀の装飾品をふんだんにあしらっている。

チュニジア
1914年1月号掲載
撮影者不明

ベリーダンスの元となったといわれるダンスを見せる、華やかな衣装のウル・ナイルの踊り子。

アルジェリア、トゥーグラ
1914年1月号掲載
LEHNERT & LANDROCK

•p54
•p55

ベルベル系カビル人の華やかな服装。

アルジェリア、ミシュレ
1916年9月号掲載
FRANKLIN PRICE KNOTT

典型的なモロッコの服装に“バルガ”（バブーシュともいう）を履いた男性。

モロッコ

1911年8月号掲載

GEORGE E. HOLD

•p56

•p57

ビーズやコインで身を
飾り立て、羊毛を織る
ベドウィンの女性たち。

エジプト、シナイ半島
1912年12月号掲載
UNDERWOOD AND
UNDERWOOD

エルサレムの"岩のドーム"を背にして立つイスラム教徒の女性たち。右側の尖った被り物をまとっているのが既婚女性で、左側は未婚女性。

エルサレム
1927年12月号掲載
MAYNARD OWEN WILLIAMS

p59
•
•p58

伝統的な被り物を
つけたシリアの女性。

シリア
1926年12月号掲載
MAYNARD OWEN
WILLIAMS

就寝時は毛布にもなる、ヤギもしくはラクダの毛でできた上着をはおった男性。

アラビア半島
1909年12月号掲載
ARCHIBALD FORDER

•p60
•p61

椅子に腰かけてカメラの前でポーズをとる、アデンの商人と学者。

イエメン、アデン
1917年8月号掲載
CHARLES K. MOSER

•p62-63

去勢した男性の召使をしたがえて立つ、
バグダッドに暮らすアラブ人の女性（右側）。

イラク、バグダッド
1914年12月号掲載
FREDERICK SIMPICH

アンクレットとイヤリング、ブレスレット、鼻飾り、そしてベールで飾ったオマーンの女性たち。

オマーン
1911年1月号掲載
SAMUEL M. ZWEMER

•p65
•p64

屋外のコーヒー・ハウスで社交にいそしむ男性たち。

イラク
1922年4月号掲載
ERIC KEAST BURKE

屋内用の服装をしたペルシャの女性たち。伝承によれば、19世紀後半にパリを訪れたペルシャの王がバレエに魅了され、連れ帰ったバレリーナたちによって宮廷に広められたスタイルだという。

イラン
1921年4月号掲載
撮影者不明

p67
p66

優美な伝統衣装に身をつつんだ南ダゲスタンの女性。惜しみなく宝石で飾り、頭には黄金の飾りをつけ、両手の指には指輪をはめ、眉をくっきりと描いている。

ロシア、ダゲスタン共和国
1913年10月号掲載
GEORGE KENNAN

昔ながらの衣装をまとったアルメニア人男性。

ロシア、カフカス地方
1913年10月号掲載
GEORGE KENNAN

p68• •p69

グルジア伝統の美しい衣装を着た女性たち。

グルジア
1913年10月号掲載
GEORGE KENNAN

パシュトゥン人女性のいでたち。

アフガニスタン、あるいはパキスタン
1921年11月号掲載
R.B. HOLMES & CO

•p70
•p71

Holmes
124.

色とりどりのターバンをまとって、タージ・マハルを見つめるイスラム教徒のインド人男性たち。

インド、アグラ
1923年撮影、未掲載
JULES GERVAIS COURTELLEMONT

カシミールゆかりの伝統衣装を着た若い女性。

カシミール地域
1929年10月号掲載
FRANKLIN PRICE KNOTT

•p73
•p72

ヒンドゥー教徒の少女。
インド、ムンバイ
1923年撮影、未掲載
JULES GERVAIS COURTELLEMONT

伝統的なブラウスと巻きスカートをまとったジャワ島の女性たち。
インドネシア
1911年1月号掲載
DAVID FAIRCHILD

•p74

•p75

ボルネオ島の少数民族カヤンの少女たち。長くのばした耳たぶは美しさのシンボルだ。

ボルネオ島、当時のサラワク
1919年2月号掲載
HARRISON W. SMITH

ビルマの伝統衣装をまとい、傘をさした少女。

ミャンマー、ヤンゴン
1927年撮影、未掲載
JULES GERVAIS COURTELLEMONT

•p77

•p76

タイの民族衣装をまとった女性。
タイ
1907年4月号掲載
ELIZA R. SCIDMORE

民族衣装をまとった少数民族カチンの女性たち。
ミャンマー
1913年7月号掲載
撮影者不明

p79•
•p78

両手をあけるため、頭に帽子を2個のせたミャンマーの少数民族クンの女性。

ミャンマー
1931年10月号掲載
W. ROBERT MOORE

頭に布を巻き、銀のペンダントで飾った、少数民族リスの子ども。

タイ
1934年5月号掲載
W. ROBERT MOORE

p80• •p81

少数民族ナシ族の女性たち。左側の2人は未婚で、右側は既婚者。

中国、雲南省、玉湖
1924年11月号掲載
DR. JOSEPH F. ROCK

少数民族モソの女性たち。現在も濾沽湖周辺に住む。

中国、雲南省、永寧
1925年4月号掲載
DR. JOSEPH F. ROCK

p83
p82

纏足した足には、繊細な蓮の花の刺繍をあしらった靴をはいている。

中国、広東省
1908年9月号掲載
UNDERWOOD AND UNDERWOOD

ミャオ族の女性たち。先端を尖らせた髪型は子どもがいることを示す。

中国、雲南省、石門坎
1911年12月号掲載
CHINA INLAND MISSION, TORONTO

•p84
•p85

北京市内を歩いていく、
満州族の女性のグループ。

中国、北京
1910年11月号掲載
WILLIAM WISNER CHAPIN

派手な頭飾りが目をひく、先住民ツォウ族の男女。

台湾
1920年3月号掲載
TAIWAN GOV'T INFORMATION OFFICE

アイヌ伝統の頭飾りと衣装の老人。

日本、北海道、白老町
1921年7月号掲載
MAYNARD OWEN WILLIAMS

p86-87•
p89•
•p88

改良のすえチャンピオンを勝ち取ったトナカイの前に、誇らしげに立つ飼い主。

米国、アラスカ

1919年12月号掲載

LOMEN BROTHERS

•p90

民族衣装に身をつつんだホピの少女。

•p91

米国、アリゾナ、オライビ

1921年6月号掲載

CHARLES MARTIN

噴水の前でくつろぐカップル。

グアテマラ
1926年撮影
JACOB J. GAYER

派手な頭飾りをつけた、テワンテペックの先住民女性。

メキシコ、テワンテペック
1914年3月号掲載
A. W. CUTLER

p92• •p93

ジャングルに暮らす先住民アムエシャの一家。

ペルー
1930年6月号掲載
JACOB J. GAYER

ポンチョをまとった先住民ケチュアの人たち。

エクアドル
1929年1月号掲載
JACOB J. GAYER

•p94

•p95

チリのカウボーイたち。

チリ
1929年2月号掲載
JACOB J. GAYER

伝統的衣装をまとった若い女性。

ボリビア、ラパス
1909年2月号掲載
HARRIET CHALMERS ADAMS

•p96

•p97

a

b

c

column 1

米国への移民に見る民族衣装

米国への移民は、エリス島にあった移民管理局を通って入国審査を受けた。移民を撮影した写真家には有名なルイス・ハインなどがいるが、「ナショナルジオグラフィック」誌にも、担当管理官などが撮影した移民の写真が掲載された。着の身着のままでたどりついた人もいた時代、写真を並べると、出身の地域色がよくわかる。
なお、地図はおよその出身地を示した。

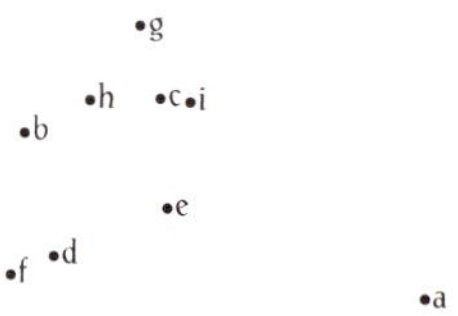

｜a●インドからきた、ヒンドゥー教徒とパールシー（インドのゾロアスター教徒）。米国、ニューヨーク、エリス島／1907年5月号掲載／FREDERICK C. HOWE｜b●スコットランド移民の少年たち。ニットに羽飾りつきの帽子。米国／1917年2月号掲載／FREDERICK C. HOWE｜c●フィンランドからきた若い女性。米国、ニューヨーク、エリス島／1907年5月号掲載／COMMISSION OF IMMIGRATION (ELLIS ISLAND, N.Y.)｜d●アルジェリアからきた男性。米国／1917年2月号掲載／FREDERICK C. HOWE｜e●現在のルーマニア南部出身の子どもたち。米国／1917年2月号掲載／AUGUSTUS F. SHERMAN｜f●モロッコ出身の男性たち。米国、ニューヨーク、エリス島／1907年5月号掲載／U.S. GOV'T JUSTICE IMMIGRATION AND NATURALIZATION SERVICE｜g●スカンジナビア半島からきた、少数民族サーミの女性。米国／1917年2月号掲載／FREDERICK C. HOWE｜h●ノルウェー移民の子どもたち。米国／1917年2月号掲載／FREDERICK C. HOWE｜i●揃いの制服姿でポーズをとる、ロシアからやってきた軍人集団コサックの人びと。米国／1917年2月号掲載／FREDERICK C. HOWE

g

d

h

e

i

f

chapter 2

家族の肖像、同郷の絆

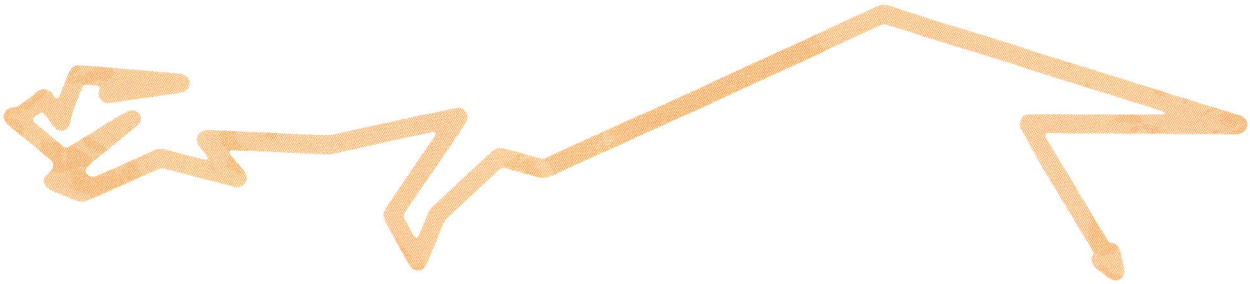

chapter 2

家族の肖像、同郷の絆

世界各地で撮影された、家族や地縁、職業などで結びついた人びと。
家族の写真からは年齢や性別ごとの違いが感じられるだろうし、
同郷人や同業者たちの写真からは、
その集団のなかで人びとが担っているさまざまな役割が見えてくる。

•p102-103

日曜日の礼拝のための晴れ着をまとって教会堂に集まった人びと。

ポーランド、ウォヴィチ
1933年3月号掲載
HANS HILDENBRAND

わらぶき屋根の家の前に並んだ御者の大家族。
ここヤースナヤ・ポリャーナ村はトルストイの故郷として有名だ。

•p105

•p104

ロシア、ヤースナヤ・ポリャーナ
1917年7月号掲載
H. S. CRESSWELL

郵便はがき

料金受取人払郵便

葛西局承認

8011

差出有効期間
令和6年3月31日
まで（切手不要）

1348732

（受取人）
日本郵便　葛西郵便局私書箱第30号
日経ナショナル ジオグラフィック社
読者サービスセンター 行

お名前　フリガナ	年齢	性別 1.男 2.女
ご住所　フリガナ □□□-□□□□		
電話番号 (　　　)	ご職業	
メールアドレス	@	

●ご記入いただいた住所やE-Mailアドレスなどに、DMやアンケートの送付、事務連絡を行う場合があります。このほか、「個人情報取得に関するご説明」(http://nng.nikkeibp.co.jp/nng/p8/)をお読みいただき、ご同意のうえ、ご返送ください。

お客様ご意見カード

このたびは、ご購入ありがとうございます。皆さまのご意見・ご感想を今後の商品企画の参考にさせていただきますので、お手数ですが、以下のアンケートにご回答くださいますようお願い申し上げます。(□は該当欄に✓を記入してください)

ご購入商品名　お手数ですが、お買い求めいただいた商品タイトルをご記入ください

■ 本商品を何で知りましたか(複数選択可)

□ 書店　□ amazonなどのネット書店(　　　)
□「ナショナル ジオグラフィック日本版」の広告、チラシ
□ ナショナル ジオグラフィックのウェブサイト
□ FacebookやTwitterなど　□ その他(　　　)

■ ご購入の動機は何ですか(複数選択可)

□ テーマに興味があった　□ ナショナル ジオグラフィックの商品だから
□ プレゼント用に　□ その他(　　　)

■ 内容はいかがでしたか(いずれか一つ)

□ たいへん満足　□ 満足　□ ふつう　□ 不満　□ たいへん不満

■ 本商品のご感想やご意見をご記入ください

■ 商品として発売して欲しいテーマがありましたらご記入ください

■「ナショナル ジオグラフィック日本版」をご存じですか(いずれか一つ)

□ 定期購読中　□ 読んだことがある　□ 知っているが読んだことはない　□ 知らない

■ ご感想を商品の広告等、PRに使わせていただいてもよろしいですか(いずれか一つ)

□ 実名で可　□ 匿名で可(　　　)　□ 不可

ご協力ありがとうございました。

伝統の農具を手にポーズをとる、デンマークの農家の夫婦たち。

デンマーク
1922年8月号掲載
EWING GALLOWAY

ドイツ南西部オイティンゲンの教会入口の階段に立つ、
祖母と母、娘3代の女性たち。

ドイツ、バーデン・ヴュルテンベルク、
オイティンゲン
1929年撮影、未掲載
HANS HILDENBRAND

村の街角に集まった母親と娘たち。

スイス、ベルナーオーバーラント地方、マイリンゲン
1932年撮影、未掲載
HANS HILDENBRAND

•p106
•p107

伝統的な服装とモダンな格好のグループが、同時に街をゆきかう時代だった。

オランダ、グス
1915年1月号掲載
EMIL P. ALBRECHT

•p108
•p109

つむぎ車を回して糸をつむぐ女性たち。

フランス、ブルターニュ
1914年9月号掲載
撮影者不明

小さな村で開かれる豚の市に集まった人びと。

フランス、ブルターニュ、カンペール
1924年11月号掲載
JULES GERVAIS COURTELLEMONT

•p110-111

伝統の衣装をまとい、館の中庭でトランプに興じる村の男たち。
イタリア、サルデーニャ島
1923年1月号掲載
CLIFTON R. ADAMS

•p113

•p112

ルーマニア北東部ブコビナ地方の伝統衣装を着て、集まった土地の人びと。

ルーマニア、ブコビナ
1934年4月号掲載
WILHELM TOBIEN

手の込んだ刺繍をほどこした衣装をまとって写真に収まる一家。

ハンガリー
1914年2月号掲載
A. W. CUTLER

マケドニアのキリスト教徒一家。

マケドニア
1912年11月号掲載
FELIX J. KOCH

•p114-115

p117• •p116

子どもを抱えてわらぶきの家の前に立つ、アルバニア人の農家。

アルバニア

1913年7月号掲載

HACHETTE AND COMPANY

ヤシの木とモザイク・タイルで
飾られた部屋に集う女性たち。

チュニジア、カイラワーン
1911年12月号掲載
LEHNERT & LANDROCK

幼い子どもを連れた若い夫婦。
アルジェリア、ビスクラ
1908年8月号掲載
撮影者不明

伝統のベールをまとった遊牧民トゥアレグの家族。

リビア、トリポリタニア
1925年8月号掲載
LUIGI PELLERANO

村長（左から４人目）と配下の村人たち。

トルコ

1915年10月号掲載

STEPHEN VAN RENSSELAER TROWBRIDGE

•p121

•p120

盛装してカメラの前に並んだ、ゾロアスター教徒の家族。

イラン、テヘラン

1910年10月号掲載

M. SEVRAGUINE

•p123

•p122

写真撮影のために集まってくれた地元の人びと。

ロシア、カバルダ・バルカル共和国、チェゲム

1914年11月号掲載

VITTORIO SELLA

客人を泊めるゲルの前にそろった、モンゴルの一家。

モンゴル
1921年5月号掲載
ADAM WARWICK

•p125
•p124

移動式テント“ユルト”のかたわらに立つキルギスの女性たち。

当時のロシア
1914年11月号掲載
UNDERWOOD AND UNDERWOOD
※地図には仮に現キルギスを表示。

1905年に訪れた英国人を歓迎して、王宮の中庭で音楽を披露する男女。

ブータン、トンサ・ゾン
1914年4月号掲載
JOHN CLAUDE WHITE

•p126

•p127

首を長くのばした少数民族パダウンの人びと。
よそいきの服を着て市場に向かうところ。

ミャンマー
1922年3月号掲載
SIR GEORGE SCOTT

戦闘用の服で身をつつんだ、
チベット系の少数民族モソの男たち。
中央の男性は一族の長の次男。

中国、雲南省、濾沽湖
1931年7月号掲載
DR. JOSEPH F. ROCK

子どもを連れて海辺を歩く満州族の女性たち。
最後尾の女性は纏足をしているため、歩行の補助に杖を使っている。

中国
1911年12月号掲載
R. POWELL, CHINA INLAND MISSION, TORONTO

エレガントな絹の服と毛皮の帽子をまとった、
当時の支配階級だった満州族の男たち。

中国
1911年12月号掲載
UNDERWOOD AND UNDERWOOD

•p130,131
•p128-129

p133•

「ナショナル ジオグラフィック」誌の記者の
現地ガイドを務めた、シン・ソンと彼の家族。

韓国、あるいは北朝鮮
1910年11月号掲載
WILLIAM WISNER CHAPIN

•p132

毛皮に身をくるみ、丸太に腰かけて家事を分担する北極圏の先住民イヌイットの一家。

北極圏

1917年6月号掲載

GEORGE KING

•p135 p134•

カナダ東部ケープ・ブレトン島に住む一家。9人の息子と両親。

カナダ、ケープ・ブレトン島、バデック

1916年3月号掲載

DR. GILBERT H. GROSVENOR

“ティピー”と呼ばれるテントの前に並んだ、ウルフ・イーグルとその一族。
北米の先住民ブラックフットの典型的な格好。

米国

1915年1月号掲載

C. J. BLANCHARD

先住民ツトゥヒルの一家。
グアテマラ、サンペドロ・デ・ラ・ラグーナ
1926年11月号掲載
JACOB J. GAYER

•p136

chapter 3

特別な日の特別なよそおい

chapter 3

特別な日の特別なよそおい

婚礼、祭り、礼拝……洋の東西を問わず、人びとは「特別な日」には、とっておきの衣装を身につけ、つかのま日常を忘れる。きらびやかな服装をまとい、祝祭の喜びに身を浸したり、厳粛に祈りを捧げたりして、日々の暮らしにアクセントとリズムを添える。

•p138-139

婚礼衣装をまとった花嫁
と付き添いの女性たち。
こうした伝統的な衣装は、
当時でも限られた
地域でしか見かけなくな
っていた。

デンマーク、ファノ島
1932年2月号掲載
GUSTAV HEURLIN

ノルウェー伝統の花嫁衣裳
に身をつつんだ女性。
ノルウェー
1930年7月号掲載
GUSTAV HEURLIN

•p140

伝統の豪華な婚礼衣裳をまとった花嫁。
ポーランド、ウォヴィチ近郊
1930年撮影、未掲載
HANS HILDENBRAND

•p141

婚礼の席で、花嫁のしるしである、金箔とガラス玉でできた頭飾りをつけた女性。何代も受け継がれたものであることが多いという。

ドイツ、シュヴァルツヴァルト地方
1928年12月掲載
HANS HILDENBRAND

ポーランドの花嫁と花婿。花婿の帽子の羽飾りは幸運を呼ぶといわれている。

ポーランド、クラクフ
1932年4月号掲載
HANS HILDENBRAND

•p142
•p143

祭日に晴れ着をまとって、家の階段に並んだ女性。
当時の記事によれば、ヨーロッパの多くの街と同様に、
伝統的な服装はこうした特別な日にしか見られなくなっていた。

フランス、アルザス、マイシュトラツハイム
1926年撮影、未掲載
JULES GERVAIS COURTELLEMONT

結婚式で、カメラの前で
ポーズをとる花嫁と花婿。

フランス、ブルターニュ
1923年撮影、未掲載
JULES GERVAIS
COURTELLEMONT

•p144 •p145

サルデーニャ島ゆかりの婚礼衣装をまとった若いカップル。

イタリア、サルデーニャ島
1916年8月号掲載
撮影者不明

p146• •p147

2人の女性に付き添われて
婚礼の席につく花嫁。

イタリア、カラブリア
1909年12月号掲載
ARTHUR WARNER

祝日用の盛装に、親から子へ受け継がれてきた、家宝の金の鎖と十字架をまとってポーズをとる女性。

スペイン、イビサ島
1928年8月号掲載
JULES GERVAIS COURTELLEMONT

教会から帰っていく、"チャロ"と呼ばれるサラマンカの農村の人びと。

スペイン、サラマンカ
1924年8月号掲載
JULES GERVAIS COURTELLEMONT

•p149
•p148

普段は裸足で畑仕事をしていても、日曜の礼拝には、丈の長いペティコートに木靴というういでたちで向かう。

ポルトガル、ミーニョ
1927年11月号掲載
JULES GERVAIS COURTELLEMONT

•p150-151

教会用の豪華な服でめかしこんだザクセン人の青年たち。
ザクセン人はかつて多くいた、ルーマニア国内のドイツ系住民。

ルーマニア、ブラショフ、ロアデシュ
1930年撮影、未掲載
WILHELM TOBIEN

ハンガリー伝統の婚礼衣装をまとってポーズをとる花嫁と花婿。
花嫁の頭飾りは、見かけほどは重たくない。

ハンガリー
1914年2月号掲載
A. W. CUTLER

p153•　•p152

華麗な衣装をエレガントに着こなしたセルビア人のカップル。
ボスニア・ヘルツェゴビナ、サラエボ
1915年4月号掲載
ERDELYI

婚礼の日の花嫁。

ギリシャ、ケルキラ島、ガストゥリ
1930年撮影、未掲載
MAYNARD OWEN WILLIAMS

祭りや婚礼など、特別な日に着る晴れ着。白い服、金貨や銀貨でつくった装身具、刺繍入りの靴。普段着は青いシンプルな服だ。

モロッコ、ティンマル
1932年3月号掲載
M. FLANDRIN

きらびやかな刺繍をほどこした婚礼の衣装とベールをまとったパレスチナの花嫁。

当時のパレスチナ
1914年3月号掲載
AMERICAN COLONY PHOTOGRAPHERS

•p156-157
•p158
•p159

パールシー(インドに暮らすゾロアスター教徒)の結婚式。

インド、ムンバイ
1905年12月号掲載
WILLIAM THOMAS FEE

満州民族風の衣装で着飾ったナシ族の花嫁たち。

中国、雲南省

1924年11月号掲載

DR. JOSEPH F. ROCK

花嫁衣裳で身をつつんだチベットの高官の娘。

中国、チベット、ラサ

1912年10月号掲載

SHAOCHING H. CHUAN

p160•
•p161

p163•

行事に向けて着飾った女性たち。上着には手の込んだ刺繍がほどこされ、すだれ状の頭飾りは珊瑚、トルコ石、真珠で飾られている。

•p162

モンゴル

1921年5月号掲載

ADAM WARWICK

毛皮をまとい、きらびやかな銀の装飾品で飾りたてた馬をしたがえて立つ、裕福なヤクートの女性。ヤクート(サハともいう)はシベリアに住むテュルク語系の民族。

ロシア、シベリア、レナ川流域
1915年4月号掲載
WALTER L. BEASLEY

婚礼の日、母親とともに列車に乗る花嫁。

日本
1911年11月号掲載
撮影者不明

p164•

chapter 4

アッパークラスのよそおい

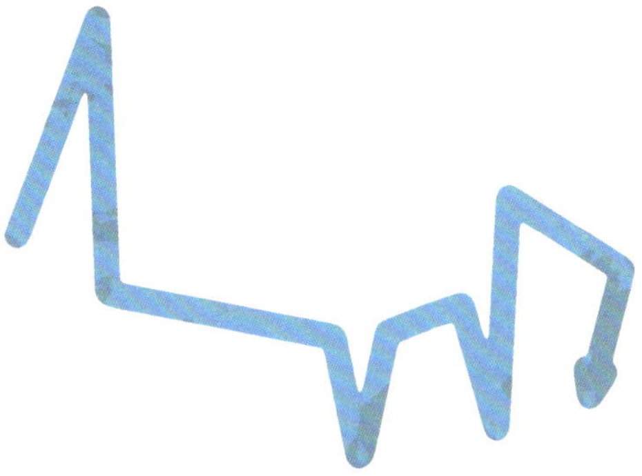

chapter 4

アッパークラスのよそおい

服装を見れば、その人が所属する社会階層が明らかだった一〇〇年前、裕福な人びとや社会的地位の高い人びとは、どのような服装をしていたのだろう。日々の労働とはいかにも無縁に見える優雅な服装に身をつつんだ人もいれば、意外に簡素な服をまとった人もいる。

•p166-167

モンテネグロの伝統衣装に身をつつみ、
海沿いの堤防に並んだ富裕層の男性たち。

モンテネグロ、コトル
1912年12月号掲載
GILBERT H. GROSVENOR

コラ半島に暮らす、身分の高い女性。コラ半島は北極圏に位置する。

ロシア、コラ半島
1919年4月号掲載
NATHALIE LOUBOVITSKY

p168•

p169•

ブハラやサマルカンド（両方とも現ウズベキスタンの都市）からエルサレムにやってきた、
色鮮やかなローブをまとった裕福な男性たち。当時のパレスチナに住む多くのユダヤ人はこうした服装をしていた。

エルサレム

1927年12月号掲載

MAYNARD OWEN WILLIAMS

“エミール”と呼ばれる、
高位のアラブ人男性。

シリア、ダマスカス
1925年11月号掲載
JULES GERVAIS
COURTELLEMONT

高位カーストのヒンドゥー教徒。
インド、ジャイプール
1926年7月号掲載
JULES GERVAIS
COURTELLEMONT

足の先まで宝石で飾り立て、椅子に腰かけたタミール人の女性。

スリランカ
1912年2月号掲載
ALEXANDER GRAHAM BELL

スリランカ中部の古都キャンディの長官の娘たち。

スリランカ、キャンディ
1912年2月号掲載
GILBERT H. GROSVENOR

p172,173•

盛装したネパールの上流階級の若い女性たち。

ネパール

1920年10月号掲載

JOHN CLAUDE WHITE

普段着姿でくつろぐウゲン・ワンチュク初代国王（左から2人目）を中心に
家の階段に集まったブータンの王族たち。

ブータン

1914年4月号掲載

JOHN CLAUDE WHITE

p177
p174-175
p176

刺繍をほどこした宮廷用の服に身をつつんだ、チベットの貴人と軍の指導者。

中国、チベット、ラサ

1912年10月号掲載

SHAOCHING H. CHUAN

2人の妻と召使をしたがえたデルゲ王。デルゲ王国はチベット東部にあった。

中国、四川省、徳格県のあたり
1921年9月号掲載
A. L. SHELTON

国王の謁見を賜りに王宮を訪れた、カンボジアの3人の廷臣。

カンボジア、プノンペン
1931年8月号掲載
W. ROBERT MOORE

p181•
p178-179•
p180•

富裕な家の人間であることを象徴する銀の装飾品で髪を飾った、モンゴルの女性。

モンゴル

1921年5月号掲載

HORACE BRODZKY

伝統の上着と帽子をまとった男性たち。

韓国、あるいは北朝鮮
1910年11月号掲載
WILLIAM WISNER CHAPIN

きらびやかな上着とネックレス、耳飾りで着飾った、
ルソン島北部に暮らす身分の高いカリンガ族の男性。

フィリピン、ルソン島
1912年9月号掲載
CHARLES MARTIN

p182•

p183•

column 2

ロイヤルファミリーの衣装

国王や皇帝、あるいは地域を代表する首長など、
ある集団を代表する人びとは、
どのような格好をしていたのだろうか。
庶民とは異なるいでたちは、より特徴的であったり、
より豪華であったりする。
それは伝統であったり、
地位や権力や財力を示すためだった。

a

b

c

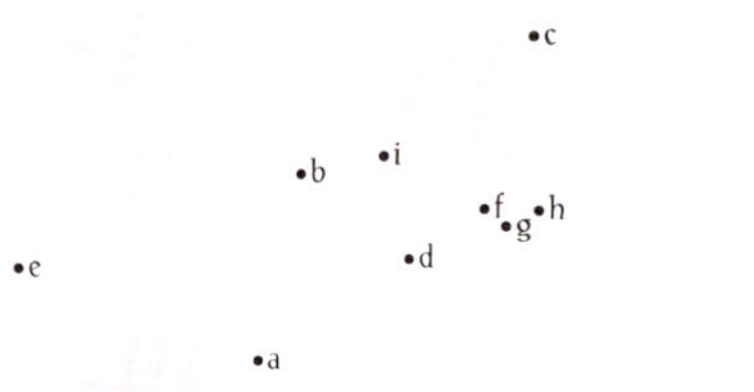

|a●マダガスカル北西部を治めていた、ビナオ女王と廷臣たち。マダガスカル／1913年7月号掲載／HACHETTE AND COMPANY｜b●1913年までオマーンのスルタンだった、ファイサル・ビン＝トゥルキー。オマーン／1919年11月号掲載／FREDERICK SIMPICH SR.｜c●正装をしたモンゴルの王女。モンゴル／1921年5月号掲載／ADAM WARWICK｜d●スリランカ、キャンディの首長。スリランカ、キャンディ／1912年2月号掲載／DAVID FAIRCHILD｜e●廷臣たちに囲まれた王。ガーナ／1910年9月号掲載／撮影者不明｜f●ビルマの国王と王妃。ミャンマー、ヤンゴン、シュエダゴン・パゴダ／1907年4月号掲載／ELIZA R. SCIDMORE｜g●正装したタイの王子。タイ／1907年4月号／ELIZA R. SCIDMORE｜h●侍女に扇をあおがせている、ベトナムの王族の女性。ベトナム、フエ／1931年8月号掲載／W. ROBERT MOORE｜i●ジャンムー・カシミール藩王国のマハラジャ。インド、ジャンムー・カシミール／1929年10月号掲載／FRANKLIN PRICE KNOTT

g

d

h

e

i

f

chapter 5

子どもの姿

地域の伝統衣装をまとって
橋のたもとにたたずむ子どもたち。
右の少女の格好は普段着、
左の3人の格好は教会などへ
行くときの盛装。

ドイツ、ヘッセン
1931年5月号掲載
HANS HILDENBRAND

chapter 5

子どもの姿

同時代の世界各地の写真を眺めてみると、子どもの服装も、世界の多様な文化を反映していることがわかるだろう。大人の服装の相似形の場合もあれば、未成年であることを示す模様や魔除けなど、独自の装飾がほどこされる場合もある。泥にまみれて遊ぶ子どもも、着飾ってすました子どもも、地域の一員としての姿が見えてくる。

•p188-189

編んだ髪と伝統衣装で、干し草の山の前に立つ少女たち。
当時のマルケンはゾイデル海に浮かぶ島で、伝統的な生活がよく残されていた。

オランダ、マルケン半島

1915年1月号掲載

EDGAR K. FRANK

p191•　p190•

就学期を迎え、スカートに似た島伝統の服装で並ぶアラン諸島の少年たち。
手織りのウールでつくられている。

アイルランド、アラン諸島、イニシュマーン島
1915年4月号掲載
A.W. CUTLER

ブルガリア伝統の刺繍がほどこされた服を着た少女たち。

ブルガリア
1915年4月号掲載
THERON J. DAMON

p192•

p193•

村の入口に居並ぶ、トルコの少年たち。当時はオスマン・トルコの勢力下で、村の名前もキズィルヒサルといった。

ギリシャ、カリストス

1915年10月号掲載

STEPHEN VAN RENSSELAER TROWBRIDGE

食事のしたくをする少女たち。

アルジェリア
1928年2月号掲載
JULES GERVAIS
COURTELLEMONT

先端が尖った頭飾りとスカーフが特徴的なモロッコの少女。

モロッコ
1906年3月号掲載
DAVID G. FAIRCHILD

•p195

p194•

手の込んだ衣装に身を包んだ少女たち。友人同士の2人はどちらも親が高い地位におり、人前に姿を現すことは珍しい。

チュニジア
1914年1月号掲載
FRANK EDWARD JOHNSON

石壁を背にして立つ少年。
観光客をロバで案内する
のが仕事だ。

エジプト
1926年9月号掲載
JULES GERVAIS
COURTELLEMONT

ダマスカス市内の石造りのベンチに
腰を下ろすベドウィンの少年。

シリア、ダマスカス
1925年撮影、未掲載
JULES GERVAIS COURTELLEMONT

ベツレヘム伝統の被り物と衣装。既婚女性はこれにベールを被る。

パレスチナ、ベツレヘム
1925年11月号掲載
JULES GERVAIS COURTELLEMONT

休息するラクダの前に立つ、クルド人の子どもたち。

トルコ、カズィアンテプ

1915年10月号掲載

STEPHEN VAN RENSSELAER TROWBRIDGE

正装をしたペルシャの少年たち。

イラン

1910年10月号掲載

H. R. SYKES

p200• •p201

キャンディ地方の服装で、緑に囲まれた道を歩くシンハラ人の少女たち。
キャンディはかつてシンハラ人による王国の都だった。

スリランカ、キャンディ
1912年2月号掲載
UNDERWOOD AND UNDERWOOD

ウズベキスタン東部フェルガナ地方ゆかりの衣装をまとった少女たち。

ウズベキスタン、フェルガナ
1919年11月号掲載
撮影者不明

•p202

•p203

一人前の女性になる「髪切り」の儀式を受ける年齢に達していない少女。

カンボジア、プノンペン
1928年9月号掲載
JULES GERVAIS COURTELLEMONT

インコをしたがえた少数民族コー（タイではアカと呼ばれる）の子どもたち。

ミャンマー
1931年10月号掲載
W. ROBERT MOORE

p205•
•p204

少数民族イゴロットの少女。

フィリピン、ルソン島、ベンゲット
1913年11月号掲載
DEAN C. WORCESTER

p207•

p206•

着物姿で庭園を散策する少女たち。

日本

1911年11月号掲載

撮影者不明

chapter 6

学び舎の若者たち

chapter 6

学び舎の若者たち

二〇世紀になると、ヨーロッパ式の学校という教育システムが世界の多くの地域に普及し始める。同時に制服が導入されることもあれば、思い思いの格好に任せている地域もある。
一方で伝統的な学校も多くの地域に存在し、また学びの場は学校だけではない。
一〇〇年ほど前の若者たちが学ぶ姿はどのようなものだったのだろう。

●p210-211

横一列に並んで学校の前に立つ生徒たち。
ドイツ、ラウエンブルク
1931年5月号掲載
HANS HILDENBRAND

これから首都ストックホルムへ、遠足に出かける生徒たち。

スウェーデン
1934年7月号掲載
GUSTAV HEURLIN

p212•
p213•

おそろいのキャップとドレスで勉強する少女たち。

オランダ

1914年2月号掲載

PURCHASED BY GILBERT H. GROSVENOR

おそろいの学校の制服を着て、お弁当を手にモスクワを見学する少年たち。

ロシア、モスクワ
1917年7月号掲載
DR. GILBERT H. GROSVENOR

学校の前に集まった子どもたち。
スロバキア、ブラチスラバ、バイノリ
1921年2月号掲載
DR. V. SIXTA AND SON

民族衣装姿で学校から帰宅するクロアチア人の子どもたち。

クロアチア

1912年12月号掲載

EMMA G. CUMMINGS

p214-215•

p216-217•

p218•

p219•

シュコドラにあるオーストリア学校に通う、制服姿のアルバニア人生徒たち。

アルバニア、シュコドラ
1912年11月号掲載
THERON J. DAMON

教室で先生から算数の授業を受ける生徒。

エジプト、カイロ

1922年10月号掲載

DONALD MCLEISH

古代ヘブライ語を学ぶ、サマリア人の少女たち。

パレスチナ、サマリア地域

1920年1月号掲載

AMERICAN COLONY PHOTOGRAPHERS

学校の前に並んだ、ペルシャ人とアルメニア人の女子生徒。当時の記事では、
女性の識字率が低かったが、学校に通う女性が増えつつあるとレポートされている。

イラン

1921年4月号掲載

J. W. COOK

p223• •p222

ハマダーンの学校で学ぶ少年たち。コーランについての学習が中心だ。

イラン、ハマダーン
1921年4月号掲載
J. W. COOK

アメリカン・カレッジ・フォー・ガールズで学ぶ、アルメニア人の女子学生。

トルコ、イスタンブール
1915年10月号掲載
HESTER DONALD JENKINS

宗教的中心地であるブハラで、イスラム教の聖典を学ぶ神学生。

ウズベキスタン、ブハラ
1919年11月号掲載
MAYNARD OWEN WILLIAMS

•p224 •p225

集合写真撮影のため、屋外に
勢ぞろいした学生。

インド、スリナガル
1929年10月号掲載
FRANKLIN PRICE KNOTT

•p226-227

シンガポールの学校で学ぶ、さまざまな民族の子どもたち。

シンガポール
1926年3月号掲載
BURTON HOLMES

p229•

p228•

「ナショナル ジオグラフィック」誌のために並んでポーズをとる、フエの師範学校の学生たち。

ベトナム、フエ

1931年8月号掲載

W. ROBERT MOORE

当時の朝鮮で、砂を敷いた箱を使って漢字の書き方を学ぶ子どもたち。

韓国、あるいは北朝鮮
1908年7月号掲載
DAVID E. HAHN

列をつくって並ぶ、ミッション・スクールに通う生徒。

中国
1908年2月号掲載
UNDERWOOD AND UNDERWOOD

p230•
•p231

明治から大正期、日本を精力的に世界に紹介した
エライザ・シドモアが撮影した日本の学校風景。

日本
1918年撮影、未掲載
ELIZA R. SCIDMORE

p232•

「ナショナル ジオグラフィック」誌を教材にした地理の授業風景。

米国
1919年6月号掲載
DOROTHY VOLLMER

•p233

集団で登校する生徒たち。

ドミニカ、サント・ドミンゴ

1916年8月号掲載

HARRIET CHALMERS ADAMS

p234•

p235•

制服を着て集まった生徒たち。

チリ、オソルノ

1922年9月号掲載

HARRIET CHALMERS ADAMS

column 3

一〇〇年前の世界の制服

ここでは民族衣装ではなく、
およそ一〇〇年ほど前の制服を見てみよう。
王室の警備員や警察官をはじめ、
いろいろな集団の制服姿を集めた。

a

b

c

｜a●オスマン帝国銀行の警護員。トルコ、イスタンブール／1912年1月号掲載／撮影者不明｜b●ジャイプールの王宮前で、マハラジャのお出ましを待つ、衛兵と王室のゾウ。インド／1929年10月号掲載／FRANKLIN PRICE KNOTT｜c●サハラ砂漠で治安を維持する、大きな麦わら帽をかぶった騎馬警官。サハラ砂漠（現在のアルジェリア、チュニジア）／1914年1月号掲載／撮影者不明｜d●チベット系のムリ王国を治める僧の身辺を守る警護兵たち。中国、四川省、ムリ・チベット族自治県／1925年4月号掲載／DR. JOSEPH F. ROCK｜e●オスマン帝国から独立したギリシャ王国で導入された近衛兵の制服。ギリシャ／1930年12月号掲載／MAYNARD OWEN WILLIAMS｜f●制服をまとった、ペルー救世軍のメンバー。ペルー／1920年4月号掲載／EVANGELINE BOOTH｜g●英国管理下の軍隊、西インド連隊に所属する軍楽隊。ジャマイカ／1927年撮影／JACOB J. GAYER｜h●ジョグジャカルタの王族の警護兵。高位の家臣で構成された。インドネシア、ジャワ島／1929年9月号掲載／W. ROBERT MOORE｜i●伝統衣装をまとって客を迎える博物館員。ロシア／1914年11月号掲載

g

d

h

e

i

f

執筆／編集協力

解説　新免光比呂　道明三保子　上羽陽子　宮脇千絵（掲載順）
協力　清水郁郎（芝浦工業大学）
編集・翻訳協力　尾澤和幸

執筆者略歴

新免光比呂（しんめん みつひろ）
1959年生まれ。早稲田大学政治経済学部政治学科卒。
東京大学大学院人文科学研究科博士課程修了。
国立民族学博物館准教授。
専門は宗教学、東欧研究。

道明三保子（どうみょう みほこ）
1942年生まれ。東京大学文学部美術史科卒業。
同大学院人文科学研究科修士課程修了。
文化学園大学名誉教授。
アジア地域の服飾史・染織史を専門とする。

上羽陽子（うえば ようこ）
1974年生まれ。大阪芸術大学芸術学部工芸学科染織コース卒業。
同大学院芸術文化研究科博士課程修了。
博士（芸術文化学）。国立民族学博物館准教授。
専門は南アジアの染織文化。

宮脇千絵（みやわき ちえ）
1976年生まれ。総合研究大学院大学文化科学研究科地域文化学専攻単位取得退学。
博士（文学）。現在、国立民族学博物館外来研究員。
専門は文化人類学、ミャオ族／モンの服飾研究。

ナショナル ジオグラフィック パートナーズは、ウォルト・ディズニー・カンパニーとナショナル ジオグラフィック協会によるジョイントベンチャーです。収益の一部を、非営利団体であるナショナル ジオグラフィック協会に還元し、科学、探検、環境保護、教育における活動を支援しています。

このユニークなパートナーシップは、未知の世界への探求を物語として伝えることで、人々が行動し、視野を広げ、新しいアイデアやイノベーションを起こすきっかけを提供します。

日本では日経ナショナル ジオグラフィックに出資し、月刊誌『ナショナル ジオグラフィック日本版』のほか、書籍、ムック、ウェブサイト、SNSなど様々なメディアを通じて、「地球の今」を皆様にお届けしています。

nationalgeographic.jp

100年前の写真で見る
世界の民族衣装

2013年 7月29日　第1版1刷
2022年 7月1日　　　6刷

編著　ナショナル ジオグラフィック
編集　武内太一　葛西陽子
デザイン　三木俊一(文京図案室)
発行者　滝山晋
発行　日経ナショナル ジオグラフィック社
〒105-8308 東京都港区虎ノ門4-3-12
発売　日経BPマーケティング
印刷・製本　大日本印刷

乱丁・落丁本のお取替えは、こちらまでご連絡ください。
https://nkbp.jp/ngbook

ISBN978-4-86313-210-8 Printed in Japan